DE CRM

50MINUTES.com

DE CRM

Beheer van klantenrelaties

geschreven door Antoine Delers
vertaald door Nikki Claes

50MINUTES.com

DE CRM

- **Namen?** CRM (*Customer Relationship Management*)

- **Gebruikt?** In bedrijven heeft de CRM-aanpak tot doel de klantenservice te optimaliseren, het verkoopapparaat te ontwikkelen en statistische en klantvolginstrumenten te verschaffen voor marketing- en gegevensbeheer.

- **Waarom is het zo effectief?** CRM maakt het mogelijk de kwaliteit van de klantenrelaties te verbeteren, aanbiedingen te personaliseren, de relatie te bewaken, kansen te identificeren en communicatie via meerdere kanalen aan te bieden, terwijl de inspanning aan de kant van de onderneming – ondanks het grote aantal te beheren klanten en prospects – wordt beperkt en de overdracht van klantenkennis binnen de onderneming wordt gegarandeerd.

- **Trefwoorden ?**

  - <u>Data Mining</u>: een geheel van instrumenten en praktijken voor de statistische analyse van databases, met name klantendatabases, waardoor belangrijke informatie kan worden geïdentificeerd die kan worden gebruikt om marketing- of andere acties uit te voeren.

  - <u>Klantsegmentatie</u>: het verdelen en classificeren van klanten in homogene, onderscheiden, winstgevende en bereikbare groepen.

- Loyaliteit: alle acties die nodig zijn om de relatie met de klant te stimuleren en in stand te houden.

- Prospectie: het zoeken naar potentiële klanten, "prospects" genoemd, met de bedoeling hen om te vormen tot consumenten van het voorgestelde goed of de voorgestelde dienst.

- Attrutie: verlies van klanten over een bepaalde periode, gemeten aan de hand van het verlooppercentage. Het tegenovergestelde van retentie, dat is het percentage klanten dat over een bepaalde periode wordt behouden.

- *Front-office*: in tegenstelling tot de *back-office*, die niet zichtbaar is voor de klant, omvat de *front-office* de personele en materiële middelen die rechtstreeks in contact staan met de klant.

- Multi-channel: gebruik van verschillende communicatiemiddelen tussen het bedrijf en de klant, zoals directe verkoop, telefoon, internet (sociale netwerken, e-mail, chat, website van het bedrijf en formulieren), enz.

- KPI's (*Key Performance Indicators*): gebruikt in managementdashboards, zijn key performance indicators stuur- en efficiëntie indicatoren die de resultaten van een activiteit meten, zoals bijvoorbeeld een marketingcampagne.

- *One-to-one* marketing: een type marketingactie, in tegenstelling tot massamarketing, waarbij getracht wordt met elke klant afzonderlijk te communiceren om een gepersonaliseerde dienst aan te bieden.

  - ○ _Life Time Value_: een prognose van de contante waarde van de verwachte nettowinst voor een klant tijdens de duur van zijn relatie met het bedrijf.

Volgens Richard Branson (Brits ondernemer en iconische oprichter van Virgin, geboren in 1950) zijn de twee sleutels tot succes: getalenteerde mensen aannemen en goed luisteren naar de consument. Dat laatste staat in dit artikel centraal, omdat luisteren naar de klant daar nauw mee samenhangt.

DEFINITIE VAN HET MODEL

CRM verwijst naar alle strategieën, instrumenten en technieken die worden gebruikt om relaties met klanten – zowel huidige als voormalige – en prospects vast te leggen, te beheren en te verrijken.

Het is bijna onmisbaar geworden in de meeste grote ondernemingen en neemt de vorm aan van een softwarepakket met dezelfde naam: het CRM. Het maakt een betrouwbare en nauwkeurige registratie mogelijk van alle uitwisselingen tussen het bedrijf en de klant, wat het mogelijk maakt om interacties te personaliseren met het oog op klantenbinding, of tussen het bedrijf en de prospect, dankzij geïntegreerde segmenteringstools. Ten slotte kan het worden gebruikt voor rapportagedoeleinden, om algemene statistieken en andere kerncijfers (KPI's) af te leiden.

Een van de interessante kenmerken van CRM is dat het traditioneel gezien wordt als een *front-office* tool, in tegenstelling tot de *back-office*. De *front-office*, die in het zakenjargon overeenkomt met het "zichtbare deel van de ijsberg", vertegenwoordigt het deel van het bedrijf dat de klanten kennen: verkopers, vertegenwoordigers, kassiers, baliepersoneel, enz. De *back-office* omvat alle instrumenten en middelen (materieel en menselijk) van een onderneming waarvan de klanten niet rechtstreeks op de hoogte zijn, zoals de boekhoudkundige en financiële afdelingen.

THEORIE – INLEIDING TOT HET CRM-CONCEPT

DE OORSPRONG

De oorsprong van klantenrelaties gaat terug tot de oudheid: zodra het nodig was om te prospecteren, te verkopen of aftersalesservice te verlenen, gebruikten onze voorouders dit concept, zij het zonder het te hebben gedefinieerd zoals vandaag. Pas met de ontwikkeling van de informatie- en communicatietechnologieën (ICT) in de jaren negentig werd CRM gedefinieerd en in de jaren 2000 werd de strategische toepassing ervan, in de vorm van de gelijknamige software, in bedrijven gebruikt. De toenemende concurrentie, de hoge kosten van prospectie in vergelijking met de kosten van het ontwikkelen van klantentrouw, en de massa van klanten als gevolg van de opkomst van de consumptiemaatschappij zijn allemaal elementen die de ontwikkeling van het beheer van klantenrelaties onverbiddelijk hebben aangemoedigd.

EEN CRM-STRATEGIE IMPLEMENTEREN IN JE BEDRIJF

Klantrelatiebeheer, soms ook *customer relationship management* genoemd, is het geheel van technieken en instrumenten dat in een onderneming wordt gebruikt om de massa van klanten te beheren door hen een gepersonaliseerde dienst aan te bieden. Het bedrijf kan dus elke klant persoonlijk aanspreken, op voorwaarde dat hij of zij in het systeem is geïdentificeerd en aan een bepaald segment is toegewezen. De CRM-aanpak maakt het mogelijk de klantenservice te optimaliseren en het verkoopapparaat van een onderneming te ontwikkelen, dankzij statistische instrumenten en methodes voor de follow-up van klanten voor beheer- en marketingdoeleinden.

Maar hoe voer je een CRM-strategie uit? Met genoeg tijd en middelen is alles mogelijk!

 IN DE PRAKTIJK: CRM ALS IT-INSTRUMENT

Vandaag is het duidelijk dat een doeltreffende strategie voor het beheer van klantenrelaties (automatisering van segmentatieprocessen, prospectie, klantenbinding en -analyse, enz.) het gebruik van CRM-software vereist. Dit kan in de vorm zijn van een softwaretoepassing die toegankelijk is op de relevante werkplekken van het bedrijf, maar ook in de vorm van een e-CRM (online CRM) of een m-CRM (mobile CRM aangepast aan tablets en smartphones).

Er zijn tegenwoordig een aantal CRM-oplossingen op de markt, uitgegeven door IT-groepen, met name Microsoft (Microsoft Dynamics CRM), SAP (SAP CRM) en Oracle (Oracle CRM). Deze toepassingen zijn vaak gekoppeld aan de ERP (*Enterprise Resource Planning*) van de onderneming en bieden één enkele, volledige databank, aangezien zij commerciële, financiële en logistieke gegevens enz. aan elkaar koppelen.

DE KLANTRELATIE BEGRIJPEN EN VERBETEREN

Segmentering en prospectie

Klantsegmentatie, of marketingsegmentatie, maakt het mogelijk bestaande of potentiële klanten te ordenen in homogene, onderscheiden groepen tot wie een aangepaste en doeltreffende boodschap kan worden gericht. Consumenten in hetzelfde segment moeten gemeenschappelijke kenmerken hebben. Afhankelijk van de vraag of het klantenbestand B2B (*Business to Business*) of B2C (*Business to Consumer*) is, moeten bepaalde soorten criteria worden gekozen om de segmentatie uit te voeren:

- geografische variabelen (land, regio of plaats)
- ondernemingsvariabelen (bedrijfstak, omzet, aantal werknemers, enz.)
- sociaal-demografische variabelen (leeftijd, geslacht, aantal kinderen, levensloop, enz.)
- gedragsvariabelen (gezochte voordelen, bezochte winkels, gekochte producten, productgebruik, loyaliteit, enz.)
- sociaal-economische variabelen (beroep, inkomensniveau, enz.)
- psychografische variabelen (levensstijl, waarden, persoonlijkheid, enz.)

Elke groep is uniek en kan niet op andere segmenten lijken, d.w.z. dat ze niet met een andere groep mag worden verward. Elk lid van een groep moet kunnen worden aangesproken en bereikt door middel van een uniek soort discours (bijvoorbeeld een marketingcampagne) dat voor alle mensen in de groep begrijpelijk is. Het segment moet voldoende groot zijn om winstgevend te zijn en om een specifieke strategische aanpak te rechtvaardigen. Ten slotte moet het segment meetbaar en operationaliseerbaar zijn, aangezien het belangrijk is het aantal klanten in het segment te kunnen bepalen en een bepaald type klant aan een bepaald segment toe te wijzen op basis van gedefinieerde criteria.

Zodra de segmentatie is uitgevoerd, kunnen targeting en prospectie worden aangepakt. Afhankelijk van de situatie zal het aantal gesegmenteerde consumentengroepen variëren: het is uiteraard niet zinvol zich met alle gedefinieerde groepen bezig te houden. In feite zal segmentatie het mogelijk maken om groepen potentiele klanten enerzijds en degenen die waarschijnlijk niet op een dag klant zullen worden anderzijds te scheiden. De keuze om zich op één van de consumentensegmenten te richten staat in het vakjargon bekend als "targeting". Hoe nauwkeuriger de targeting, hoe doeltreffender de prospectiefase.

Behoud van klanten

De tweede benadering van klantenbeheer is klantenbinding. Er wordt vaak gezegd dat het vijf keer minder kost om een klant te behouden dan om nieuwe klanten te converteren. Volgens deze logica is het in het belang van een bedrijf om zijn belangrijkste klanten in de watten te leggen. Enerzijds verhoogt loyaliteit de winst en anderzijds versterkt zij de positie van de onderneming op de markt.

Loyaliteit kan worden uitgelegd aan de hand van de volgende cyclus: zodra het eerste contact tussen de onderneming en de klant tot stand is gekomen, kan een verkoop plaatsvinden. In dat geval wordt de prospect een klant en begint hij zich een mening te vormen over de relatie tussen hem en de verkoper. Dit wordt gevolgd door het gebruik van het product of de ervaring van de dienst zelf en de dienst na verkoop, die alle handelingen omvat voor het oplossen van de problemen van de klanten, het voorstellen van nieuwe producten, enz. Klanttevredenheid moet dus gedurende het hele loyaliteitsproces centraal staan om een verkoopcyclus op gang te brengen.

Tot slot is het van essentieel belang de mate van klantentrouw te meten en te kennen. Hoewel er helaas geen rechtstreeks verband is met dit tarief, kan de analyse van enkele KPI's een goede schatting geven. Daartoe behoren de retentiegraad (aantal klanten dat wordt behouden in verhouding tot alle klanten die in een jaar worden verworven) en de NPS (*Net Promoter* Score), die de scores weergeeft (van 1 tot 10) die klanten aan bedrijven geven. Een score van 0 tot 6 plaatst bedrijven in de categorie "detractors", 7 tot 8 in de categorie "neutraal" en tenslotte 9 tot 10 in de categorie "ambassadeurs". Er zij op gewezen dat, naast kwantitatieve concepten, loyaliteit ook in kwalitatieve termen kan worden berekend. De resultaten zijn echter minder goed vergelijkbaar en minder nauwkeurig.

Rapportage

De derde benadering van klantenbeheer is statistisch. Met CRM-tools kunnen klantgegevens worden gebruikt om KPI's af te leiden en verschillende statistieken te berekenen met betrekking tot marketingcampagnes, productverkoop, enz. De belangrijkste indicatoren zijn:

* **het responspercentage,** d.w.z. het aantal mensen dat reageert op een verkoopaanbod van een bedrijf. Het kan bijvoorbeeld worden berekend aan de hand van een door de klant gebruikte antwoordcoupon, of via een in een systeem gecodeerde promotiecode;

* **het conversiepercentage,** d.w.z. het aantal prospects dat gedurende een bepaalde periode klant wordt;

* **de retentiegraad,** d.w.z. het aantal klanten dat in een bepaalde periode wordt behouden in verhouding tot het aantal nieuwe klanten dat in dezelfde periode wordt geconverteerd. Het staat tegenover het uitvalpercentage, dat het aantal verloren klanten vertegenwoordigt;

* **de tevredenheidsgraad,** een maatstaf voor de tevredenheid van bestaande klanten, die kan worden aangevuld met de *Net Promoter Score* (NPS);

* **het klachtenpercentage per klant,** d.w.z. het aantal klachten dat gedurende een bepaalde periode is geregistreerd in verhouding tot het totale klantenbestand;

- **de return on investment (ROI)**, d.w.z. de omzet die wordt gegenereerd na een marketingcampagne of de lancering van een nieuw product;

- **de kosten om een nieuwe klant te werven,** d.w.z. de kosten om een nieuwe klant te converteren en dus te werven. Het kan worden berekend aan de hand van het budget dat in een marketingcampagne wordt geïnvesteerd;

- **de netto contante waarde van de klant,** dat is de contante waarde van de toekomstige winst die een bedrijf per klant kan verwachten.

Goed klantenbeheer gaat hand in hand met een efficient gebruik van *datamining*, een term die alle instrumenten en technieken groepeert die het mogelijk maken significante gegevens te verzamelen, met inbegrip van correlaties tussen de hierboven beschreven variabelen. Deze benadering wordt bijvoorbeeld gevolgd door kredietinstellingen, die een zogenaamde *Credit Scoring* toepassen, d.w.z. de berekening van een risico dat verbonden is aan een cliënt die een lening wil aangaan.

 **KREDIETBEOORDELING**

Deze praktijk is gebaseerd op de empirische studie van de vroegere leningen die door de organisatie zijn verstrekt. Door het terugbetalingspercentage van de leningen te onderzoeken in relatie tot de kenmerken van de voormalige begunstigden van de verstrekte leningen (zoals het salaris) – kenmerken die ook aanwezig zijn bij de nieuwe aanvragers van leningen – kan de bankorganisatie de gegevens waarover zij beschikt interpreteren: op die manier kan zij het risico van niet-terugbetaling van deze aanvragers het best inschatten.

Datamining is ook zeer nuttig voor het verzamelen van consumptiepatronen. Het gaat erom te bepalen welke producten aan een bepaald type huishouden moeten worden aangeboden op basis van hun koopgedrag. Sommige supermarkten gebruiken bijvoorbeeld de klantenkaarten om consumptiegewoonten te ontdekken en passende producten aan te bieden. Zo zal een klant die van chocolade en snoep houdt, een catalogus ontvangen met op de voorpagina een aanbieding voor chocoladerepen, terwijl zijn buurman, die graag groenten eet, een bliksemaanbieding krijgt voor courgettes en aardappelen. In werkelijkheid maakt elk van deze mensen deel uit van een specifiek segment, zodat de communicatie op de groepen wordt afgestemd om beter op hun behoeften in te spelen. Met een doeltreffend beheer van klantgegevens kunnen supermarktketens een reeks brochures produceren die aan de wensen van de verschillende segmenten voldoen en hen zo gepersonaliseerde aanbiedingen sturen.

 DE LEGENDE VAN DE RACEMAND

Wist je dat een grote Amerikaanse winkelketen door de boodschappenmandjes van haar klanten te analyseren, een sterke correlatie heeft ontdekt tussen pakken bier en kinderluiers? Het schijnt dat op zaterdag, wanneer moeders thuisblijven om voor hun jonge kinderen te zorgen, vaders gaan winkelen voor luiers en van de gelegenheid gebruik maken om drankjes te kopen om die avond te drinken. Toen de directie van de supermarktketen dit koopgedrag opmerkte, besloot zij de luiers in dezelfde afdeling te plaatsen als de bieren. Met deze op *datamining* gebaseerde verkoopstrategie wil het bedrijf zijn omzet gemakkelijk verhogen.

VOORDELEN VAN DE CRM-AANPAK

Het gebruik van een CRM-tool heeft vele voordelen, waarvan de belangrijkste zijn:

Centralisatie en verspreiding van klantgegevens binnen het bedrijf

- Het CRM maakt het mogelijk relaties bij te houden (B2B of B2C) en de geschiedenis van uitwisselingen met een klant/leverancier op te slaan. Door het CRM bovendien voor iedereen in het bedrijf toegankelijk te maken, heeft elke medewerker, van de verkoop- tot de facturatieafdeling, gemakkelijk toegang tot deze gegevens.

- Het maakt een geoptimaliseerd en gestructureerd beheer van een zeer grote massa klanten, voormalige klanten en prospects mogelijk, terwijl een gepersonaliseerde dienstverlening blijft bestaan volgens de segmenten die door middel van gegevensanalyse zijn gedefinieerd. Zonder een dergelijk instrument, en tenzij je elke klant persoonlijk kent, is het onmogelijk om individuele consumenten aan te spreken alsof ze uniek zijn.

Optimalisatie van de levenscyclus van de klant – tussen werving en behoud

- CRM maakt ook passieve controle van de waarde van een klant mogelijk. Als een klant enige tijd geen gebruik heeft gemaakt van de dienst, kan een alarm worden geactiveerd zodat een vertegenwoordiger de zaak kan overnemen om de klant opnieuw te lanceren of terug te winnen (in alle rust overdragen aan collega's). Dit systeem garandeert de continuïteit van de dienstverlening. Vergeet niet dat het de bedoeling is om klanten zoveel mogelijk terug te brengen naar de aankoopfase.

- Het vergemakkelijkt het anticiperen op de behoeften en verwachtingen van de klant. De observatie van de klantencyclus kan dus kansen voor *crossselling* (verkoop van een product uit een andere categorie) en *upselling* (verkoop van een product uit dezelfde categorie maar van een hoger niveau) aan het licht brengen.

Win-winrelatie dankzij gepersonaliseerde aanbiedingen

- Dankzij de analyse van de gegevens in het CRM-systeem krijgt de onderneming een beter inzicht in de behoeften en het koopgedrag van haar klanten en past zij haar aanbod aan (van het product via het distributiekanaal tot de gerichte communicatie). Op die manier verhoogt ze haar prestaties, aangezien de klant de gepersonaliseerde service waardeert, wat hem ertoe zal aanzetten de consumptie-ervaring te herhalen.

VOOR GOED RELATIEBEHEER

DE STAPPEN

Stap 1 – Klantsegmentatie

Om haar strategie zo goed mogelijk te organiseren, zal de onderneming haar klanten in verschillende groepen of segmenten indelen. In dit verband zijn er verschillende werkwijzen (niet-limitatieve lijst).

* **De RFM-segmentatie (Recency, Frequency, Amount)** deelt alle klanten in op basis van hun koopgedrag gedurende een bepaalde periode.

* Wanneer was hun laatste aankoop?

* Hoe vaak kopen ze?

* Hoeveel was het bedrag?

* Deze methode houdt rekening met de verschillende rangen van klanten volgens de waarde van hun boodschappenmandjes: de grootste consumenten moeten worden verwend en bevoordeeld, degenen met gemengde aankopen moeten worden gecontroleerd en aangemoedigd om over te gaan naar de volgende categorie, terwijl het de moeite waard kan zijn om voormalige klanten op te volgen om te proberen hen terug te winnen.

* **Geografische segmentatie** definieert een geografisch gebied (in het geval van een winkel een

"verzorgingsgebied" genoemd) dat een reeks potentiële klanten bevat. Daartoe maakt een studie van de bestaande klanten, bijvoorbeeld aan de hand van hun postcode, het mogelijk het gebied af te bakenen waar de meeste van hen vandaan komen. Het bedrijf hoeft dan alleen zijn inspanningen voor klantenonderzoek op dit gebied te concentreren om nieuwe zaken te vinden.

- **Segmentatie volgens de Paretoratio**. Aangezien volgens dit principe 20% van de klanten 80% van de omzet genereert, lijkt het zeer relevant om – net als bij de RFM-segmentering – voor elke gesegmenteerde groep strategieën toe te passen die aangepast zijn aan de mate van behoefte aan klantenbinding.

 ## WAT IS HET PARETO-PRINCIPE?

Het Pareto-principe of de 80/20-wet is een analytisch principe van de Italiaanse econoom Vilfredo Pareto (1848-1923), dat stelt dat 20% van de oorzaken 80% van de gevolgen veroorzaakt. Deze verhouding heeft enige weerklank op de meeste gebieden van de economie.

Merk op dat er nog andere segmentatiemogelijkheden zijn, waarbij de keuze afhangt van het soort bedrijf dat wordt bestudeerd. Zo is segmentatie naar grootte en gewicht van de klant nuttig voor de confectiesector, terwijl segmentatie naar leeftijd relevanter is voor de vrijetijdssector.

Stap 2 – Communicatie met de cliënt

Zodra de potentiële klanten zijn getarget door middel van segmentatie, is het noodzakelijk om een passend discours te ontwerpen, zodat elk van hen zich uniek en gehoord voelt. Dit is een van de belangrijkste punten in het relatiebeheer, aangezien de klanten steeds talrijker en veeleisender worden. De strategie voor het opbouwen van klantenrelaties houdt dus in dat alle mogelijke communicatiemiddelen worden aangeboden en gebruikt om de klant de keuze te geven contact op te nemen met het bedrijf wanneer hij dat wil, om welke reden dan ook (probleem, verzoek om informatie, aankoop of klacht). Deze belangrijkste communicatiemiddelen zijn de volgende:

- het internet, via e-mails, sociale netwerken, fora, chats op websites, invulformulieren

- mobiele instrumenten zoals tablets en smartphones, via sms of applicaties

- face-to-face, via een verkoper of vertegenwoordiger

- per post

- fax

- enz.

 **COMMUNICATIESTRATEGIEËN**

Er zijn vier verschillende marketingcommunicatiestrategieën om de klant te bereiken.

- **Massamarketing** is de meest gebruikelijke strategie: zij richt zich tot alle consumenten zonder hen te onderscheiden.

- **Gedifferentieerde marketing** verdeelt klanten in verschillende groepen: met elke groep wordt op een andere manier gecommuniceerd.

- **Geconcentreerde marketing** richt zich op kleine delen van de markt.

- **One-to-one marketing** (in de meeste gevallen *one-to-few*) behandelt elke consument op individuele en gepersonaliseerde basis.

Fase 3 – Behoud

Wanneer een klant een product of dienst koopt, moet alles in het werk worden gesteld om hem aan te moedigen terug te komen en de aankoop te herhalen. Om ervoor te zorgen dat de consument daadwerkelijk wordt aangetrokken, kan de techniek van het gepersonaliseerde aanbod doorslaggevend blijken. Door de nadruk te leggen op klanttevredenheid wordt met deze proactieve benadering impliciet gestreefd naar het opbouwen van klantentrouw. In dezelfde geest kan het bedrijf besluiten een programma voor het beheer van vragen en klachten op te zetten, een automatisch herinneringssysteem voor voormalige klanten die lange tijd niet hebben geconsumeerd, of een getrouwheidsprogramma, dat kortingen toekent voor aankopen boven een bepaald bedrag.

Er zijn veel hulpmiddelen beschikbaar voor verkopers en verkoopmedewerkers om deze loyaliteit te bevorderen en klantrelaties op te bouwen. Hier zijn de belangrijkste:

- de website, die aanvullende informatie geeft over de gehele productcatalogus

- de nieuwsbrief, die de klant aan het merk herinnert en actuele promoties onder de aandacht brengt

- uitnodigingen voor beurzen of exclusieve verkoopevenementen, om rechtstreeks contact met de klant te leggen en zijn gegevens te verzamelen

- public relations

- gepersonaliseerde promoties of coupons

- gratis samples

- telefonische contacten

- klantenkaarten

- ondersteuning of aftersalesservice

- enz.

Van de hulpmiddelen is CRM-software verreweg het meest effectief, omdat het verschillende van de genoemde hulpmiddelen combineert.

Er zij op gewezen dat de communicatiemiddelen ook afhangen van de bedrijfstak en het soort product van de onderneming. Een product met een hoge technologische waarde, zoals een 3D-printer voor de industrie, zal face-to-face communicatie vereisen omdat de specifieke kenmerken van het product complex kunnen zijn om uit te leggen en toe te passen, terwijl elk object gemakkelijk op het internet kan worden verkocht zonder tussenkomst van een tussenpersoon of consultant.

AANBEVELINGEN

- Zorg ervoor dat de informatie over je klanten in je database voortdurend wordt bijgewerkt, zodat deze te allen tijde kan worden gebruikt. Voordat je overgaat tot een CRM-aanpak, moet je ervoor zorgen dat je database opgeruimd en van goede kwaliteit is (let op duplicaten en codeerfouten).

- Je moet er ook voor zorgen dat de persoonsgegevens van je klanten worden beschermd, want zij hebben rechten die het bedrijf moet respecteren. Deze omvatten het recht van toegang, wijziging en verwijdering van gegevens. Het bedrijf kan deze gegevens ook niet openbaar maken zonder de uitdrukkelijke toestemming van de klant.

- Oversegmenteer je klantenbestand niet, want de gedefinieerde groepen moeten operationeel blijven (d.w.z. bruikbaar voor het bedrijf). Vergeet niet dat de segmentatiegroepen homogeen, bereikbaar en verschillend van elkaar moeten zijn.

- Vergeet niet je inspanningen in een CRM-strategie te meten op basis van de gegevens waarover je beschikt.

- Gebruik communicatie via meerdere kanalen – en geef niet de voorkeur aan één bepaald medium – om de klant te laten kiezen hoe hij contact opneemt met het bedrijf.

- Verleid de consument voorzichtig, d.w.z. jaag hem niet op, want dan riskeer je hem te verliezen. Vergeet niet dat loyaliteit minder kost dan het werven van nieuwe klanten.

PRAKTIJKVOORBEELD

Voorbeeld 1 – Mobile Telecom, een beschrijvende segmentatie

Ons eerste voorbeeld betreft een telecommunicatiebedrijf, Mobile Telecom, dat zijn omzet wil verhogen door zijn bestaande klanten te behouden. Daartoe biedt het hen telefoonpakketten aan die aangepast zijn aan hun verbruik. Na het verzamelen van de gedragsgegevens van de doelgroep kan het marketingteam een overzichtstabel opstellen.

De tabel vergelijkt klanten (van A tot J) waarvan het aantal gedane oproepen en verzonden sms'jes over een periode van een maand bekend is. Vanuit dit perspectief wordt het gemakkelijk om verschillende klantprofielen te onderscheiden en segmenten af te bakenen. Sommige verbruiken zeer weinig sms en gesprekken, andere een beetje van beide of slechts één van de twee en tot slot vertonen de laatsten het beste verbruik. De communicatie en de aanbiedingen aan deze klanten verschillen dus sterk naar gelang van hun type.

- **C- en I-klanten** verbruiken weinig of geen communicatie. In de omgang met zulke mensen kunnen marketeers besluiten om:

- al het mogelijke te doen om ze naar de volgende categorie te brengen

- ze weg te laten (wat meestal gebeurt), omdat ze waarschijnlijk nooit winst voor de onderneming zullen opleveren.

- **B- en F-klanten** behoren tot de groep met het grootste aantal consumenten. Aangezien zij geen consumentenvoorkeuren hebben, genereren deze "gemiddelde" klanten een stabiel inkomen. Het doel van het verkooppersoneel is hen absoluut als klant te behouden door hen af en toe extra aanbiedingen te geven om hen tot klant E en J te maken.

- **D/H- en A/G-klanten** gebruiken hoofdzakelijk sms of bellen, waarschijnlijk vanwege hun voorkeur. Daarom is het interessant om hen een beperkt pakket aan te bieden, waarin bijvoorbeeld hun favoriete soort consumptie wordt gecombineerd met de andere tegen een lagere prijs. Deze strategie kan het assortiment van verkochte producten uitbreiden en sommige van deze klanten tot zeer goede consumenten maken.

- **E- en J-klanten** zijn de beste klanten. Het is zaak hen koste wat het kost te behouden, zodat zij niet naar de concurrentie overstappen, door hen steeds gunstigere en gepersonaliseerde aanbiedingen te geven: preferentiële tarieven, een puntensysteem op basis van hun verbruik dat hen toegang geeft tot andere voordelen, enz.

Hoewel deze grafiek duidelijk de verschillende categorieën en strategieën laat zien die voor elk segment moeten worden overwogen, is het in werkelijkheid niet altijd zo duidelijk. Klanten kunnen verspreid zijn over de grafiek, zodat verdere segmentatie nodig is om ze in een bepaalde groep in te delen. Kortom, er zijn vele kanalen die in ons geval kunnen worden gebruikt. Voor bestaande klanten kunnen dat de telefoon en sms-berichten zijn, maar bij bredere prospectie wordt ook veel gebruik gemaakt van mediareclame of public relations.

Voorbeeld 2 – Brico, a priori-/a posteriorisegmentatie

In deze tweede casestudy is het doelbedrijf Brico, een doe-het-zelfzaak die wil weten en begrijpen wie zijn huidige klanten zijn om anderen van hetzelfde type aan te trekken die nog niet met de communicatiestrategie van het bedrijf in aanraking zijn gekomen. Het doel is in dit geval dus niet langer klantenbinding, zoals bij Mobile Telecom, maar het zoeken naar nieuwe prospects.

Om de kosten tot een minimum te beperken en toch de efficiëntie van de procedure te behouden, vraagt de manager aan de verkoopmedewerkers om de postcode van elke klant die aan de kassa van de winkel komt te noteren. Zo kan hij het huidige stroomgebied afbakenen.

Door verder na te denken definieert hij een nieuw theoretisch verzorgingsgebied; dit wordt "a priori"segmentatie genoemd. Op basis van de herkomst van de huidige klanten bepaalt Brico zijn doelmarkt. Dit is de gele zone die de klanten omvat die potentieel door het bedrijf kunnen worden bereikt.

Nu is het tijd voor een nieuwe segmentatieronde. Dit wordt "a posteriori" segmentatie genoemd. Door de theoretische markt te kennen, d.w.z. de potentiële klanten in de gele zone hierboven, zal de onderneming hen kunnen aanspreken, bijvoorbeeld via een reclamecampagne. De nieuwe klanten die gunstig reageren op het merk zullen dus de echte markt van de onderneming vertegenwoordigen. Dit is niet noodzakelijkerwijs de theoretische markt zoals hierboven berekend.

Door opnieuw te segmenteren in twee fasen kan een bedrijf er zeker van zijn dat het zijn potentiële consumenten op een unieke en persoonlijke manier aanspreekt. Zoals in het eerste voorbeeld loont het de prestaties van de nieuwe segmentering en targeting rigoureus te controleren, bijvoorbeeld door het conversiepercentage te berekenen, om de juiste conclusies te kunnen trekken.

EFFECTEN

BEPERKINGEN EN KRITIEK OP HET MODEL

Hoewel de uitvoering van een strategie voor klantenbeheer de onderneming bepaalde voordelen oplevert, zijn er onvermijdelijk enkele beperkingen:

* **persoonlijke gegevens.** Het bedrijf dat een CRM-aanpak toepast, kan klantgegevens niet naar believen gebruiken. Er bestaan talrijke voorschriften, waaronder de Europese richtlijn van 24 oktober 1995 betreffende de bescherming van persoonsgegevens. In een vereenvoudigde versie mag een bedrijf niet alle soorten gegevens verzamelen, mag het deze niet gebruiken zonder toestemming van de klant en moet het vrije toegang tot en verwijdering van de opgeslagen gegevens toestaan.

 **DE BEGRIPPEN OPT-IN EN OPT-OUT**

De begrippen *opt-in* en *opt-out* houden nauw verband met de bescherming van persoonsgegevens en zullen bepalen hoe bedrijven gegevens zullen verzamelen.

* In het geval van *opt-in* is de voorafgaande toestemming van de klant expliciet, dat wil zeggen dat de internetgebruiker op een formulier een vakje aankruist (of niet aankruist in het geval van

passieve *opt-in*) voor het gebruik van zijn of haar gegevens voor commerciële doeleinden.

- De **opt-out** biedt een impliciet gedrag. De internetgebruiker zal op een formulier een vakje aankruisen (of, in het geval van de passieve *opt-out*, uitvinken) zodat zijn persoonsgegevens niet zullen worden gebruikt. Er wordt dus van uitgegaan dat de toestemming wordt gegeven totdat deze wordt ingetrokken.

- **het verkrijgen van gegevens.** In verband met het eerste punt kan het verkrijgen en bijhouden van klantgegevens soms ingewikkeld zijn. Grote bedrijven hebben nu gemakkelijk toegang tot algemene informatie, zoals naam, BTW-nummer en adres, maar gegevens zoals consumentenvoorkeuren zijn moeilijker te verkrijgen.

- **klantidentificatie.** Het is soms moeilijk om een CRM-strategie uit te voeren als de klanten niet of nauwelijks identificeerbaar zijn, wat bijvoorbeeld het geval is voor de bezoekers van benzinestations: zij zijn talrijk en zeer divers.

- **de kosten van een CRM.** De kosten voor het opzetten en beheren van een CRM-strategie kunnen relatief hoog zijn, vooral als de toepassing gekoppeld is aan een meer globale ERP of als deze geavanceerde statistische en rapportagemogelijkheden biedt.

- **de betrokkenheid van alle leden van het bedrijf bij het CRM-project.** Verkopers en marketeers zullen aan het project deelnemen als zij een direct voordeel zien (bijvoorbeeld betere prestaties). Als zij anders alleen maar een extra werklast zien, zullen zij zich niet volledig inzetten en kan het project meer kosten dan het de onderneming oplevert.

UITBREIDINGEN EN VERWANTE MODELLEN

SRM of leveranciersrelatiebeheer

SRM (*Supplier Relationship Management*) is, net als CRM, een strategie om de interacties tussen belanghebbenden, in dit geval leveranciers, te optimaliseren. SRM vergemakkelijkt onder meer de communicatie (vaak via geautomatiseerde IT), de aankoop van goederen (die automatisch kan verlopen door specifieke waarschuwingen te activeren) en ten slotte de keuze, selectie en onderhandeling met leveranciers.

ERM of employee relationship management

ERM (*Employee Relationship Management*) is vergelijkbaar met CRM in die zin dat het het beheer van de personeelsmiddelen van een onderneming mogelijk maakt: salarisbeheer, IT-toegang, loopbaanbeheer, opleidingsaanbod en algemene communicatie.

Sociale CRM

Social CRM is een evolutie van CRM die werkt op de bekendste sociale netwerken zoals Facebook, LinkedIn of Twitter. Door een extra dimensie aan het traditionele

CRM te geven, kan het bedrijf de wensen van de consument beter begrijpen en dus optimaal aan zijn behoeften voldoen.

VRM of vendor relationship management

VRM (*Vendor Relationship Management*) is een concept dat vandaag relatief theoretisch blijft. Het is ontstaan onder impuls van consumentenorganisaties en heeft tot doel de klant zelf de bedrijven te laten kiezen en beheren waarmee hij zaken doet. Zoals een onderneming een CRM heeft met een lijst van haar klanten, prospects en eventueel verloren klanten, zo heeft de consument hier een lijst van de winkels die hij bezoekt en andere die hem zouden kunnen interesseren, zodat hij zijn informatie zelf kan beheren, met name zijn persoonlijke gegevens.

- CRM, of *Customer Relationship* Management, verwijst naar alle instrumenten en technieken die worden gebruikt om de relaties met huidige, voormalige en toekomstige klanten op lange termijn te beheren en te verrijken.

- Het gelijknamige IT-instrument maakt het mogelijk een groot aantal klanten – en hun gegevens – te beheren en hen tegelijkertijd persoonlijk aan te spreken.

- CRM verbetert de relatie met de klant door middel van verschillende acties:

  - segmentering van klanten in kleine homogene groepen waardoor een onderneming hen beter kan leren kennen en haar discours dienovereenkomstig kan aanpassen. De meest gebruikte variabelen zijn geografische, sociaal-demografische, gedragsmatige, sociaal-economische en psychografische variabelen.

  - behoud van bestaande klanten. Aangezien het minder duur is consumenten te behouden dan nieuwe te winnen, hebben bedrijven er alle belang bij een CRM-strategie (*buying loop*) toe te passen.

  - gegevensrapportage, d.w.z. de berekening en analyse van talrijke essentiële prestatie-indicatoren (KPI's), die correlaties en andere statistieken opleveren ter ondersteuning van een beter bedrijfsbeheer gekoppeld aan een optimale besluitvorming (risicominimalisering).

- De voordelen zijn aanzienlijk. Door het beheer van een groot aantal klanten te vergemakkelijken – wat een bevoorrecht en gepersonaliseerd contact met elk van hen impliceert – draagt CRM bij tot de verbetering van de kwaliteit van de dienstverlening en de externe communicatie, wat zich vertaalt in een verhoging van de nettowinst per klant en een stijging van de omzet.

- Het model heeft echter zijn beperkingen. Een bedrijf kan niet alle persoonsgegevens gebruiken zoals het wil: er is regelgeving om consumenten en hun informatie te beschermen. Klanten zijn niet altijd identificeerbaar, wat ook CRM belemmert, en het opzetten en onderhouden ervan kan erg duur zijn. Ten slotte kan het verkrijgen van gegevens zoals consumentenvoorkeuren tijdrovend zijn.

- Gekoppeld aan CRM, maakt ERP, of *enterprise resource planning*, het mogelijk alle belangrijke functies van een bedrijf te centraliseren in één applicatie met één enkele database. ERM maakt het beheer van personele middelen mogelijk en SRM het beheer van leveranciers.

OM VERDER TE GAAN

BIBLIOGRAFISCHE BRONNEN

ADARY (Assaël), *Évaluez vos actions de communication*, Parijs, Dunod, 2008.

ALARD (Pierre), *La stratégie de relation client*, Parijs, Dunod, 2000.

AMIDOU (Loukouman), *Marketing des réseaux sociaux*, Boulogne-Billancourt, MA éditions, 2012.

BENNETT (Travis), "7 Types of Market Segmentation", in *Udemy*, geraadpleegd op 25 juli 2015.

https://blog.udemy.com/types-of-market-segmentation/

C-RADAR, "Firmography, an intelligent tool for understanding, identifying, verifying and detecting", in *C-Radar*, geraadpleegd op 25 juli 2015.

http://www.c-radar.com/2014/09/firmographie-outil-intelligent-comprendre-identifier-verifier-detecter/

DELERS (Antoine), *Le principe de Pareto*, Namen, Uitgeverij Editions Lemaitre, 2014.

DIVARD (Ronan), *Le marketing participatif*, Parijs, Dunod, 2010.

GHANNAM-ZAIM (Ouaffa), "La segmentation", in *Institut Supérieur du Commerce et d'Administrations des Entreprises*, geraadpleegd op 25 juli 2015.

http://fr.slideshare.net/enams90/la-segmentation-en-marketing

HARVARD, 'Project VRM', in *Cyber Law Harvard*, geraadpleegd op 25 juli 2015.

http://cyber.law.harvard.edu/projectvrm/Main_Page

Krebs (Geneviève), *Nouvelles pratiques client-fournisseur*, Saint-Denis-La-Plaine, Afnor, 2004.

Lefébure (René) en Venturi (Gilles), *Gestion de la relation client*, Parijs, Eyrolles, 2004.

McMahon (Chuck), "The 16 Marketing KPI's You Should Be Measuring (But Probably Aren't)", in *VTL Design*, geraadpleegd op 25 juli 2015.

https://vtldesign.com/inbound-marketing/16-marketing-kpis-to-measure/

Peelen (Ed), Jallat (Frédéric) en Stevens (Éric), *Gestion de la relation client. Totaal relatiebeheer, Big data en mobiele marketing*, Parijs, Pearson, 2014.

Rao (Srikumar S.), "Diaper-beer syndrome", in *Forbes.com*, juni 1998, geraadpleegd op 25 juli 2015.

http://www.forbes.com/forbes/1998/0406/6107128a.html

Rouse (Margaret), "Customer Relationship Management", in *TechTarget*, geraadpleegd op 25 juli 2015.

http://searchcrm.techtarget.com/definition/CRM

Van Dessel (Gert), "Net Promoter Score", in *CheckMarket*, geraadpleegd op 25 juli 2015.

https://fr.checkmarket.com/2011/06/votre-net-promoter-score/

AANVULLENDE BRONNEN

Baranzelli (Stéphane), "Les stratégies de fidélisation", in *Experian.*

http://www.experian.fr/marketing-services/videos/avis-experts/strategies-de-fidelisation-client.html

We horen graag van u! Laat
een reactie achter op jouw online bibliotheek
en deel je favoriete boeken op social media!

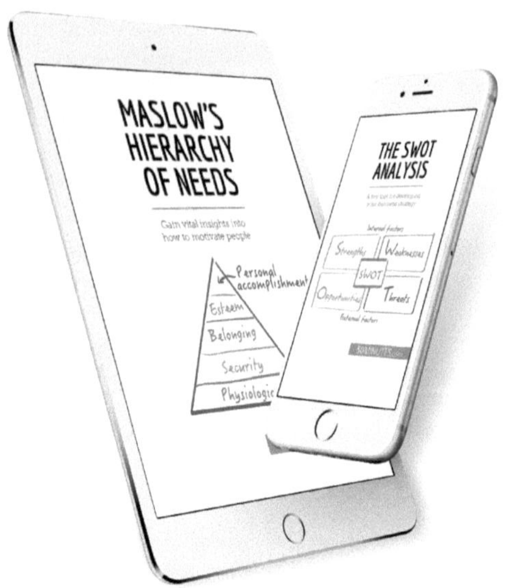

IMPROVE YOUR GENERAL KNOWLEDGE
IN THE BLINK OF AN EYE!

www.50minutes.com

Master ISBN: 9782808604536
Papier ISBN: 9782808605748
Wettelijk depot: D/2023/12603/1

Digitaal ontwerp: Primento,
de digitale partner van uitgevers.